ELOGE DE

J. A. METRA

LE NOUVELLISTE

PAR

LECLERC DE SEPT-CHENES

PARIS, CHARAVAY FRERES EDITEURS

51 RUE DE SEINE 51

1879

ELOGE

DE

J. A. METRA

Tiré à cent cinq exemplaires

numérotés

dont cinq

sur papier Whatman

N°

ELOGE DE

J. A. METRA

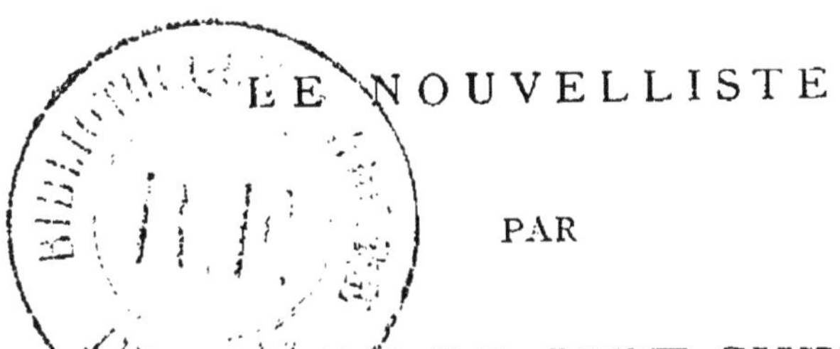

LE NOUVELLISTE

PAR

LECLERC DE SEPT-CHENES

PARIS. CHARAVAY FRERES EDITEURS

51 RUE DE SEINE 51

1879

AVERTISSEMENT

Cette facétie, débauche d'esprit d'un
homme grave, est la seule oraison funèbre
du bavard dont elle célèbre la faconde sur le
mode solennel des afflictions académiques, et,
ne fût-ce qu'à ce titre, elle méritait d'être
plus connue. Nous la réimprimons sur un
exemplaire appartenant à la Bibliothèque
nationale, auquel un contemporain a ajouté
trois notes manuscrites ; deux d'entre elles
sont reproduites sous les passages qu'elles
commentent. En regard de l'épigraphe, l'ano-

nyme a écrit : *Epigraphe supposée,* mais les discours de l'abbé Maumenet, ignorés de tous les bibliographes, sont si bien enterrés, que nous n'avons pu vérifier le dire de notre prédécesseur.

Il importe peu : quelques mots sur Leclerc de Sept-Chênes et sur Métra feront bien mieux sans doute l'affaire du lecteur. Né à Paris à une date inconnue, Leclerc de Sept-Chênes fut secrétaire du cabinet de Louis XVI ; il se serait, paraît-il, contenté de signer la traduction des cinq premiers volumes de Gibbon, due à ce prince lorsqu'il était encore Dauphin. Un écrivain royaliste, de Moulières, a recueilli de l'abbé Aubert, censeur de l'ouvrage, une anecdote qui confirmerait cette tradition, et que Quérard a citée tout au long dans l'article consacré à Leclerc de Sept-Chênes. Celui-ci, toutefois, est bien l'auteur d'un *Essai sur la religion des anciens Grecs* (Lausanne, 1787, 2 vol. in-8) ; il ne put que préparer une édition des *Œuvres* de Fréret, terminée longtemps après sa mort. La perte de sa femme, qui succomba à une lente maladie de poitrine, le plongea dans un désespoir profond ; sur les instances de ses amis, il partit pour visiter l'Italie, mais il mourut à Plombières, le 9 juin 1788. Sa bibliothèque, nombreuse et bien choisie, devait être vendue, selon son désir, par les soins de Debure ; mais cette vente ne semble pas avoir eu lieu (1).

Plus encore que Bachaumont, Métra, oublié d'ailleurs par tous nos grands répertoires biographiques, a usurpé la gloire d'attacher son nom à un recueil dont il n'a certainement jamais écrit une ligne et qu'il fournit tout au plus de quelques-uns des *fagots* débités sur la terrasse des Feuillants. « C'étoit là, » dit le

---

(1) La Bibliothèque nationale possède, dans la collection de catalogues formée par les Debure, la notice de livres appartenant à M. Leclerc de Sept-Chênes, qui furent vendus, à des prix assez élevés, le 4 mars 1776, hôtel d'Espagne, rue Dauphine ; c'était là sans doute la bibliothèque du père de l'écrivain.

1.

duc de Lévis (1), « qu'il avoit établi son quartier général ; et sa gravité ministérielle l'avoit rendu l'oracle des politiques subalternes qui avoient déserté le Luxembourg pour s'établir au nord de la rivière. Peu à peu des personnes de bonne compagnie eurent la curiosité d'écouter ce que l'on disoit dans ce cercle. Ils firent connoissance avec Métra, qui ne manquoit pas d'un certain jugement et qui, depuis vingt ans qu'il lisoit régulièrement les gazettes, avoit contracté l'habitude d'apprécier assez bien les nouvelles. M. d'Aranda lui-même [l'ambassadeur d'Espagne], qui logeoit près des Tuileries et qui s'y promenoit souvent, ne dédaigna pas sa conversation, et ayant remarqué qu'il répétoit assez exactement ce qu'il lisoit ou ce qu'il entendoit dire, sans y rien ajouter ou retrancher, il finit, ainsi que plusieurs autres membres du corps diplomatique, par lui

----

(1) *Souvenirs et Portraits*. Paris, Buisson, 1813, in-8, p. 184.

envoyer dire les nouvelles qu'ils vouloient ré-
pandre. C'est ainsi qu'après avoir commencé
par être un objet de dérision, il finit par
faire autorité dans la haute société, où cependant il ne fut jamais admis. »

« Le sieur Métra, » écrivait Meister (1),
« a le plus énorme nez qu'on n'ait jamais
vu en France et peut-être dans l'univers...
Ses liaisons avec M. le comte d'Aranda lui
avaient donné une sorte de considération
qui est fort diminuée depuis la paix. Il s'en
console avec une vieille demoiselle bel-esprit
qui se nomme Mlle Sérionne ; on vient de
consacrer ces tendres assiduités par le qua-
train que voici :

> Un beau programme d'Opéra
> Et qui n'étonnera personne,
> C'est d'accoupler le dieu Métra
> Avec la nymphe Sérionne (2). »

Le nouvelliste ne survécut pas longtemps

---

(1) *Correspondance littéraire*, juin 1783.

(2) Les *Amusements des gens du monde* (S. l., 1785, tome I,
p. 188), attribués au marquis de Luchet, reproduisent cette
innocente épigramme avec une légère variante.

à sa vogue disparue. Le samedi 21 janvier 1786, le *Journal de Paris* annonce à l'article *Morts* celle de « François *Mettra*, bourgeois de Paris, cul-de-sac Dauphin, » et huit jours après, le samedi 28 janvier, l'extrait du registre des scellés apposés dans la ville et faubourgs de Paris après décès mentionne de nouveau « le sieur *Mettra*, bourgeois de Paris, rue Dauphine. » La destruction des Archives de l'état civil donne à ces deux lignes la valeur d'un document officiel.

Trois ans après, ce nom, toujours cher aux badauds parisiens, recommandait à leur attention une brochure non moins rare que le présent *Éloge* : *Les Mânes de M. Métra ou ses Reflexions posthumes pour guider ses Confrères les Gobe-Mouches des Tuileries, du Luxembourg et du Palais-Royal sur les réformes à proposer aux États-Généraux.* Aux Tuileries, 1789, in-8. Une note de l'exemplaire appartenant à M. Poulet-Malassis l'attribuait à Michel Servan. L'auteur y fait parler Métra à la première personne : « J'ai

passé la plus grande partie de ma vie à enten-
dre et à débiter tant de sottises qu'il était
temps que je puisse enfin écouter ou donner
quelques nouvelles intéressantes ou raison-
nables... » Suit un plan de constitution qui
est allé en rejoindre bien d'autres.

Métra a-t-il jamais songé à tirer parti des
communications dont il fut si longtemps ho-
noré ? Fut-il l'entrepreneur de la chronique
imprimée à Neuwied sur le Rhin, et dont les
rédacteurs sont encore actuellement mal con-
nus ? Son nom, qui ne figure ni dans les deux
prospectus, ni dans les deux éditions de la
Correspondance secrète, ne fut-il qu'une
étiquette ? Autant de problèmes bibliographi-
ques que nous n'entreprendrons pas aujour-
d'hui de résoudre. Nous en avons dit assez
pour recommander aux curieux une plaquette
qui a dû échapper à la plupart d'entre eux
et qu'ils pourront joindre soit à leur exemplaire de la *Correspondance secrète*, soit
à leur collection parisienne, car il est bien,
après tout, la personnification du bourgeois

de Paris, ce discoureur dont les propos
éveillaient jusqu'à l'apathie de Louis XVI.
« Qu'en dit le bonhomme Métra ? » deman-
dait-il parfois aux courtisans de Versailles ;
et c'est une question que nous nous posons
encore volontiers aujourd'hui, où rien de
ce qui concerne le « vrai grand siècle » ne
nous est indifférent.

MAURICE TOURNEUX.

ELOGE

DE M. M***

ELOGE
DE M. M***

> Le Temps moissonne toutes les têtes, les plus illustres comme les plus obscures ; il n'en est qu'un petit nombre dont la Renommée s'empare, et qu'elle place sous les portiques du Temple élevé au Génie.
>
> MAUMENET
>
> *(Discours qui a remporté le prix à l'Académie Françoise en 1708.*

A LONDRES

M DCC LXXXVI

ELOGE

DE M. M***

La louange (1) n'est pas seulement ré-
servée à ceux qui ont parcouru la carrière
des Lettres et des Arts. Dans ce siècle où
l'admiration se porte également sur tous
les objets, il suffit de s'être distingué dans
la multitude pour avoir droit aux éloges.
Ainsi l'ancienne Rome accordait indis-
tinctement des honneurs à ceux qui, dans
quelque genre que ce soit, avaient bien
mérité de leur Patrie ; et souvent, lorsque
la pompe funèbre allait déposer le corps

d'un Citoyen dans le tombeau de ses an-
cêtres, un Orateur perçant tout à coup la
foule célébrait à haute voix ses qualités et
rendait au mérite l'hommage qui lui est
dû. Pour nous, à qui ces sortes de spec-
tacles si propres à exciter une émulation
vive sont interdits, s'il ne nous est pas
donné de parler ainsi à l'imagination,
nous pouvons du moins élever des monu-
ments plus durables, et la Postérité admi-
rera les généreux efforts par lesquels nous
consacrons tous les jours la mémoire des
hommes vraiment illustres.

Dans cette classe, aujourd'hui si nombreuse, doit être rangé celui dont nous
déplorons sincèrement la perte. Joachim-
Alexandre M*** naquit à Paris le 21 Avril
1714. A cette époque, l'Europe fatiguée
d'une guerre longue et désastreuse com-
mençait à respirer après tant de secousses

violentes ; et par une fatalité singulière, la Paix vint entourer le berceau de cet enfant appelé à de hautes destinées, comme si elle eût prévu qu'un jour ses rameaux en ombrageraient la tombe. Nous ne parlerons de l'éducation qu'il reçut (2) que pour faire voir combien elle est souvent opposée à la Nature. Le jeune M*** dédaignait les récits brillants de l'Histoire ancienne, il ne les regardait que comme des rêveries, des fictions agréables, et il leur préférait, avec juste raison, la narration sèche, mais véritable, de faits bien plus intéressants qui, rapprochés de nous, méritent seuls notre attention. Les dépôts précieux où ces faits sont journellement consignés formaient sa seule lecture. D'ailleurs l'instruction publique n'existait point encore. On ne connaissait point ces Écoles destinées à former la jeunesse, à lui ouvrir la route de toutes les Sciences; et la Capitale, privée de lumières (3), offrait infiniment moins de ressources à ses habitants. Ainsi, lorsque M. M*** parut dans le monde, il se livra tout entier à l'impulsion de son génie.

Le Luxembourg était alors le rendez-vous de tous les bons Patriotes; c'est-à-dire de ceux qui s'occupent des intérêts de l'État et qui en font l'unique objet de leur étude : science vraiment utile et respectable, qui suppose d'immenses connaissances et qu'un goût frivole n'a que trop cherché à rendre ridicule. Ce fut dans les allées de ce jardin, jadis célèbre et maintenant désert, que M. M*** en apprit les premiers éléments. Là il écoutait les leçons de ceux qu'une longue expérience avait instruits; là il méditait en silence sur les combinaisons si étendues

de la politique ; là enfin il puisait ces principes toujours sûrs, ce tact fin, ce coup
d'œil rapide qui lui faisait juger, prévoir,
développer tous les événements, et il se
préparait à paraître sur un plus grand
théâtre.

Nous ne décrirons pas les détails de sa
vie intérieure ; sans doute qu'il réunit
toutes les vertus sociales, qu'il aima les
Arts et qu'il s'honorait de ses amis (*). Mais
pourquoi faire de nouveau couler leurs
larmes ? Pourquoi réveiller cette douleur
profonde qui a retenti au fond de leur
cœur (4) ? Le plus noble tribut que l'on

(*) *Ceci fait allusion à l'éloge de M. Watelet, in-
séré dans le* Journal de Paris. *M. Suard est l'auteur
de cet éloge.* (Note du temps.) Cet article anonyme,
paru dans le numéro du 28 janvier 1786, ne con-
tient pas cette phrase textuelle, mais le ton général
de la notice est bien celui que raille Leclerc de Sept-
Chênes.

doive à sa cendre, ce ne sont point d'inu-
tiles regrets, mais l'exemple de ses qualités héroïques. Rappelons-nous ces temps
à jamais mémorables où un monde entier s'agitait pour briser ses fers, où des
flottes puissantes couvraient toutes les
mers du globe, où l'on se battait avec
une égale fureur en Europe, sur les rives
du Sénégal, dans la presqu'île de l'Inde,
si souvent teintes de notre sang, et dans
les vastes contrées de l'Amérique. C'est
alors que M. M*** déploya toute l'énergie
de son caractère. Combien de fois l'a-
vons-nous vu ranimer le courage abattu,
faire revivre l'espérance presque éteinte,
dresser des marches savantes, envoyer des
escadres au secours d'un Peuple qui com-
battait pour sa liberté ; et cependant, au
milieu de tant de mouvements, de tant
d'agitations, de la lutte des Empires qui

pesaient les uns sur les autres, conserver toujours le même calme et la même sérénité? O vous, ornements du séjour de nos Rois, arbres majestueux que Le Nôtre a plantés, c'est vous que j'atteste! Vous avez été témoins de sa gloire. Hélas! aujourd'hui vous semblez prendre part à notre douleur. Abaissez vos cimes orgueilleuses et contemplez le néant des grandeurs humaines. Il n'est plus, cet homme qui semblait commander aux Puissances de la Terre (5), qui disposait de leurs forces et qui faisait mouvoir l'Univers entier.

Le calme avait succédé à l'orage, et M. M*** devait seul être la victime de cette tranquillité universelle à laquelle il avait lui-même contribué. Il était en proie à une activité dévorante. Sa grande âme s'élançait sans cesse hors de lui. Dès qu'il s'aperçut qu'il était devenu inutile à sa Nation, il quitta la vie sans regrets. Sa mort fut douce et paisible. Rendons hommage à sa mémoire, et puisse ce faible éloge présenter un jour un modèle à ceux qui se proposent de marcher sur ses traces !

FIN DE L'ELOGE

NOTES

POUR

L'ELOGE DE M. M***.

NOTES

(1) Nous aurions pu commencer cet Éloge, en nous écriant tout à coup : Qu'est-ce que M. M*** (*) ? Et il faut en convenir, ce tour harmonieux, que plusieurs Orateurs ont très heureusement employé, a l'avantage de fixer tout de suite les yeux du Lecteur sur celui qu'on offre à son admiration. Si nous nous sommes déterminés à n'en pas faire usage, c'est que nous n'avons pu nous dissimuler

---

(*) *Ceci a trait à l'Éloge de Fontenelle par M. Garat* (Note du temps). Cet éloge (Paris, 1784, in-8) commence en effet ainsi.

qu'ici une pareille question eût été fort déplacée.

(2) Tel est le vice de notre éducation que, pour être trop générale, elle ne sert qu'à étouffer le génie, en même temps qu'elle est entièrement contraire aux principes de notre constitution. L'éducation publique est une chimère qu'il faut reléguer dans la République de Platon avec les autres rêveries de ce Philosophe, et qui n'est bonne tout au plus que dans un petit État comme Sparte, où tout homme naissait citoyen et où l'on voulait qu'il en remplît les devoirs. Mais dans une grande Monarchie, où l'on ne saurait trop veiller à ce que les rangs ne soient pas confondus, afin de conserver cette distinction précieuse, il faudrait pour chaque État particulier une éducation particulière et qui lui fût propre.

C'est ce qu'a très bien senti un Auteur qui a travaillé sur cette matière importante. Il a compté le peuple pour rien, et en cela il a bien fait ; car qu'est-ce que le peuple ? Mais du moins son ouvrage peut être utile aux Nobles, à ceux qui ont une fortune considérable, qui possèdent des terres, qui peuvent, selon l'occasion, préparer des fêtes, et qui ont la faculté d'entreprendre des voyages dispendieux. Ce Traité d'ailleurs est rempli d'excellentes vues. Il n'y a personne, par exemple, qui n'admire le parti que l'on a su tirer des lanternes magiques. On y propose de représenter, « sur quatre ou cinq cents vers, des sujets tirés de l'Histoire, et l'on assure que les enfants à qui l'on fait passer en revue ces tableaux se divertissent infiniment davantage que ceux qui ne voyent jamais que *M. le Soleil,*

Mme *la Lune*, l'*Enfant prodigue* se ruinant avec des filles, la *Servante* buvant le vin qu'elle a tiré et le *Mitron arrachant la queue du diable* » (p. 68, t. I de cet Ouvrage). Idée tout à fait ingénieuse et que l'Auteur a saisie avec beaucoup de sagacité dans les Mémoires de *Martinus Scriblerus*, qui contiennent aussi d'excellentes choses. Ce fameux personnage mettait même à profit les jeux de son enfance : ce fut *en lui montrant la lanterne magique*, que son père, homme d'un grand sens, *lui apprit l'Histoire profane et qu'il parvint à lui faire connaître tous les peuples de l'Europe*. (Voyez sa Vie, *Pope's Worcks*, t. IV, p. 84.)

(3) Il est bien vrai qu'alors comme à présent le Collège Royal était ouvert à tout le monde ; il est vrai qu'on y enseigne encore la Chimie, l'Astronomie,

l'Histoire, à la vérité celle de France seulement, les Langues savantes et même la Littérature. Mais cet établissement est trop ancien pour qu'il soit digne de notre attention. Il était réservé à notre Siècle de voir renaître les beaux jours de la Grèce. Déjà les Muses ont trouvé dans nos murs un asile honorable ; et Paris n'enviera plus à Athènes ce Lycée qui l'a rendue si célèbre et qui a été autrefois l'École des plus grands philosophes.

(4) Il nous a semblé que la sensibilité n'avait jamais été mieux peinte que dans cette phrase d'un Ouvrage auquel on n'a pas rendu assez justice : « J'ai interrogé les Sages, j'ai consulté ma raison, et jamais je n'ai pu concevoir comment cette immensité d'êtres animés, par un principe fugitif et un génie vaste, a pu quitter le néant pour promener ses formes pas-

sagères dans l'étendue de l'espace qui retentit de ses douleurs. » TÉLÈPHE.

(5) On peut dire de M. M***, en lui appliquant ce vers d'un célèbre Tragique moderne, qu'il tenait

Tous les sceptres du monde en faisceaux dans sa main.

FIN DES NOTES.

IMPRIMÉ

PAR

C. MOTTEROZ

A PARIS